RESTES-TOI MÊME

Dorrance Publishing Co
585 Alpha Drive
Pittsburgh, PA 15238
Visit our website at www.dorrancebookstore.com

ISBN: 979-8-8868-3098-9
eISBN: 979-8-8868-3957-9

RESTES-TOI MÊME

Il est souvent difficile que les autres
nous acceptent tel que nous sommes et
respectent nos différences. Le sentiment de
rejet ou de ne pas trouver sa place peut
détruire une vie.

Lorsque le monde entier n'accepte pas ta
différence et tes valeurs, la meilleure des
choses à faire n'est pas de baisser les bras
et de les abandonner, mais plutôt garder
la tête haute et les défendre.

L'adolescence est une période très complexe et sensible. En cette période certains changement sont pour nous dure à accepter et nous perdons facilement confiance en nous. Nous avons tendance à faire comme les autres car se sentir différent pendant cette phase est un lourd fardeau pour nous. Il n'y a rien de plus difficile que d'être adolescent(e) et rejeté des autres.

Je m'appelle Gracias, je fus une adolescente ordinaire comme toute autre. J'ai eu des hauts et des bas lorsque j'étais ado au lycée. Aujourd'hui, quand je pense à mes années passées au lycée j'en souris.

Lorsque j'ai satisfait à mon examen d'entrer au Lycée, j'étais tellement contente et j'avais hâte de découvrir le monde du lycée. Je me sentais grande et je savais que j'aurai de très belles expériences. Je ne m'attendais pas à un monde aussi différent et confus.

J'avais tellement hâte de commencer les cours ainsi que de retrouver mes amis. Le premier jour tout s'était bien passée j'ai retrouvé mes amis, on a parlé de nos vacances et on a fait connaissances des nouvelles personnes. J'avais passé toute la journée avec mes amis. J'étais tellement contente de les retrouver que je ne voyais pas que les choses avaient changé. En discutant avec les autres j'avais remarqué que beaucoup d'entre nous avait grandi et changé. Avant on parlait des films pour enfants, des dessins animés et autres… Mais cette fois ci leurs conversations était plus orienté vers les relations amoureuses et la mode, choses qui était nouvelles pour moi.

Plus les jours passaient, plus je constatais que mes amis s'éloignaient de moi. Elles avaient des conversations sécrète, faisait des choses sans moi et avais des nouvelles amies. Je me sentais seule mais je ne voulais pas l'admettre je me disais c'est juste passager et que tout redeviendra comme avant.

Certains commençaient à sécher les cours, à manquer du respect au professeurs. La plus drôle des histoires c'est lorsqu'un jour tous les élèves de ma classe ont décidé de sécher les cours après un devoir. Le prof voulait continuer les cours après un devoir mais tous nous avons décidé bien après le devoir de sécher. Après avoir quitté la salle j'étais juste là au parking de l'école parce que je devais attendre le chauffeur et je n'avais pas d'endroit où aller. Je ne le faisais pas non parce que j'étais parfaite ou la plus sage juste parce que je savais que j'avais des parents stricts et je ne voulais pas les décevoir et faire comme les autres.

J'étais le sujet de moquerie et débat pour tout le monde certains croyaient en moi d'autre non. Il y'avait même des collègues qui me provoquait parce que j'étais tout le temps malade. Il se moquait de moi en disant si je suis tout le temps malade c'est parce que je ne couchais pas avec les hommes.

Les gens pour te détruire ou pour t'inciter à faire ce qu'ils font ils ont tendance à te manipuler à te faire croire que c'est normal et même bénéfique de le faire. Certains vont essayer de te faire croire que l'abus d'alcool ou les sorties tardives sont normaux et bénéfique pour un adolescent, que tu devrais profiter de ta jeunesse. Ils ne te diront jamais les inconvénients de toutes ses choses juste pour te manipuler et t'inciter à faire comme eux. Des fois le Diable utilise certains fais et personne pour te faire croire que le péché est agréable et tu avais le droit de le faire. Quand je suis confrontée à ce genre de problème je me rappelle juste d'une écriture du livre de mormon qui dit **« même si tout le monde le fait le mal ne sera jamais le bien ».**

La vie n'est pas souvent facile pour chacun de nous. Nous rencontrons des challenges, des épreuves … lorsque nous sommes jeunes nous avons tendance à tous faire pour plaire à ceux qui nous entourent ; le regard des autres c'est ce qui compte le plus pour nous mais nous oublions une chose « **Nous ne pourrons jamais plaire à tout le monde** ».

Mes différences n'étaient pas acceptées par tous lorsque j'étais adolescente. Je ne prenais pas d'alcool, je ne fréquentais pas les boites de nuit et bien d'autre lieux. Pour moi c'était l'école et l'église. Cela était un sujet de moquerie autour de moi choses qui était lourd pour moi. Le sentiment de rejet et de différence s'étaient installées en moi j'ai perdu confiance en moi. J'avais l'impression de ne pas profiter de ma jeunesse. Je voulais profiter de mes temps, mes amis mais d'une part je savais que cet évangile rétabli était tout pour moi. A un moment donné de ma vie je voulais faire des choses comme les autres avoir un petit d'ami mais cela n'a pas fonctionné parce que je tenais plus à mes principes qu'aux choses temporaires. Ce qui a été une force pour moi c'est le fait que je mettais Jésus Christ au centre de ma vie. Je consultais le Seigneur avant de faire toutes choses. Il arrivait des moments de ma vie ou je faisais des prières que des pleurs et lamentations. Parce que j'étais perdue et je voulais faire comme les autres mais le Saint Esprit qui était mon compagnon constant rappelais à ma conscience et c'était impossible pour moi de le faire. Je disais à Dieu si je subissais ces humiliations c'est parce que j'avais choisi de suivre sa voie. J'étais perdue et me sentais seule. J'avais ce sentiment de vouloir faire quelques choses mais être dans l'impossibilité de le faire. Avec la prière j'ai appris à m'accepter telle que je suis et me relever.

Mais j'ai appris de ces expériences que **nous ne devons pas vivre de manière à plaire aux Hommes mais plutôt à Dieu car l'Homme est un éternel insatisfait.**

Les gens peuvent te traiter de grosse moche noire… pour être accepter des autres tu te décides à faire des régimes à t'éclaircir la peau … Ces même personne après ce changement te critiquerons toujours. Aujourd'hui si j'avais choisi de changer pour être acceptée pour plaire aux gens ces même personnes serions les premiers à me traiter d'hypocrite et de menteuse mais j'ai choisi de me battre pour être accepter telle que je suis et c'est arrivée parce que j'avais décidé d'essuyer mes larmes et de me battre. Me battre pas physiquement mais mentalement et spirituellement. J'avais compris que pleurer ne changeras rien ce qu'il me fallait était de me relever et continuer d'avancer.

Nous ne changerons jamais la conception des autres mais nous pouvons apprendre à encaisser. Nous serons toujours critiqués ; Nous n'allons jamais plaire à tout le monde mais nous pouvons les obligés à nous accepter tels que nous sommes en gardant la tête haute en essuyant ses larmes et en gardant que du positive.

Lorsque le monde entier n'accepte pas ta différence et tes valeurs, la meilleure des choses à faire n'est pas de baisser les bras et de les abandonner, mais plutôt garder la tête haute et les défendre.

Comment ai-je fait pour défendre mes principes et mes valeurs ?

Tous simplement en restant moi-même et en montrant aux autres que je suis heureuse d'être celle que je suis et il n'y a que Dieu qui peut m'apporter une joie durable. Des fois les autres nous attaquent juste pour nous voir faible et triste mais lorsque nous les répondons avec un sourire et les montrant que ça ne nous atteint pas cela peut vite s'arrêter. Nombreux subissent le harcèlement dans des lycée dans la société juste parce qu'ils sont différents que ça soit physiquement ou autre cela s empire lorsqu'ils se taisent volent changer pour plaire ou montre qu'ils sont faibles. Lorsque cela arrive sortez du silence défendez vos valeurs en leur montrant que vous ne changerez pas pour eux et vous êtes fière de celle ou celui que vous êtes. **Dites oui je suis différente et alors ? Restes toi-même ne sois pas comme autrui.**

La critique, lorsqu'elle est positive et nous aide à nous améliorer est une bonne chose. Mais lorsqu'elle est négative, nous rend triste, nous fait sentir inférieur et nous pousse à changer l'inéchangeable elle est destructive. Nous pouvons transformer nos faiblesses en force nous pouvons nous lever et criez fort **"Stop"**. Soyons nous-même, ne laissons pas les autres diriger notre vie. Nous avons le libre arbitre. Nous devons choisir par nous-même. Des personnes fortes ne sont pas ceux qui gagne tous les combats ou remporte des challenges ce sont ceux qui n'abandonnent pas et qui trouvent la joie dans toutes situation et persévère.

Un prophète a dit « **Nous ne pouvons pas changer la direction du vent mais nous pouvons ajuster les voiles. » THOMAS S MONSON.** Les épreuves nous les aurons toutes notre vie nous ne pouvons pas les éviter mais nous pouvons ajuster nos voiles nous relever et continuer d'avancer.

Laissons les autres nous aimez tels que nous sommes. Une personne qui t'aime

et veut ton évolution t'aidera à t'améliorer
avec amour et respect. Non en te rabaissant
t'insultant ou te harcelant.

L'adolescence est aujourd'hui considérée
comme la période à laquelle nous
commettons plus d'erreur. Beaucoup de gens
on fait des choses qu'ils ont regretté pendant
leur adolescence. Des jeunes deviennent père
et mère juste à cause des décisions qu'ils
prennent entant qu'adolescent. Nous prenons
les décisions pour se créer une image devant
les autres sans réfléchir. Certains prennent
des boissons fortes et toxiques certains
deviennent agressif avec leurs parents. Cette
période est la plus dure à passer surtout
lorsque nous nous sentons seuls et en manque
d'amour de nos prochains. Nous devons en
parler, trouver la force de partager nos
faiblesses, difficultés avec ceux qui nous sont
les plus. Parler à quelqu'un nous permet
premièrement de trouver des bons conseils et
deuxièmement nous soulager. Aujourd'hui il
y'a tant de jeunes qui se suicident parce qu'ils
subissent les choses en silence et ne trouve
pas de soutien… lorsque nous nous sentons
seule nous devons jamais oublier que nous ne

sommes jamais seuls et que Dieu est avec nous. Peu importe la durée de la nuit le jour finira toujours par se lever, peu importe l orage et les problèmes que nous traversons nous suicider ne sera jamais une solution c est plutôt une grande lâcheté. La confiance en soi et en ses proches est l'une des plus grandes armes de la vie.

RESTE-TOI-MEME

N'abandonnes pas tes principes et tes valeurs pour plaire au monde. Défends tes vertus face au monde. Restes toi-même et aimes ce que tu es, ceux qui t'aimerons le ferons pour celui ou celle que tu es et non celui ou celle que tu prétends être.

Jouer un rôle pour plaire est une forme d'hypocrisie. Si tu veux être aimé sincèrement reste toi-même et sincère. Peu importe le nombre de personnes qui t'acceptent le plus important est que tu te sentes bien dans ta peau et que tu aies une conscience tranquille. Nous devons vivre notre vie de manière authentique sans réfléchir à des mises en scène pour être accepté dans la société. Se créer une image ou une identité ne nous rendra jamais heureux. Cela ne fera qu'empirer les choses et nous rendre malheureux car peu importe ce que nous pouvons faire pour être vu autrement notre vrai nature finira par nous rattraper.

Aujourd'hui chacun peut penser de nous ce qu'il veut mais c'est à nous de montrer qui nous sommes réellement. La confiance en soi et connaître notre vrai identité est l'une des armes qui nous aidera à affronter les regards des autres et à nous imposer. Car c'est en s'imposant qu'on apprend à se connaitre sois même et notre véritable place dans la société ; aussi, c'est en se défendant que l'on fait la différence.D'ailleurs nos différences sont des outils qui font la force même de notre société. Nous devons être fière de qui nous sommes et reconnaitre que chacun apporte une petite touche de bonheur et de beauté avec ses différences. Nous n'avons pas besoin d'être une miss monde ou la personne la plus riche du monde pour être heureux. L'argent ou la beauté ne garantit pas le bonheur ou une vie heureuse. Nous devons nous sentir bien dans notre peau et choisir d'être heureux peu importe les circonstances ainsi nous aurons la force d'affronter l'adversité. La plus grande arme pour combattre l'ennemie c'est le sourire. Lorsque nous choisissons de nous nous accepter telle que nous sommes le monde le fera en retour.

La vie ne sera jamais facile tant que nous sommes sur cette terre mais le choix de la vivre pleinement sans remords nous reviens.

Des fois il nous arrive de voyager de sortir de notre zone de confort et arriver dans un nouvel endroit nous avons l'impression d'être perdu. Le changement de culture, de mentalité… peut-être stressant et lourd pour nous. On a peur d'être rejeté, on se pose des questions suis-je bonne pour des personnes ici ? N'accepterons-t-il ? Toutes ses questions nous travers et nous voulons changer et devenir comme les autres et on se perds. Chacun de nous a quelque chose de spéciale que Dieu a placé en lui. Nous devons ressortir cette touche spéciale et en être fière. Quand je grandissais dans ma société en avait tendance à fuir les albinos. Ses personnes se sentaient mal pour eux c'étaient quelque chose de honteux, de sale parce que la société leur a inculqué cela et ils se sentaient inférieur. La société oubliait que ces personnes souffraient et c'était comme une maladie et qu'ils avaient besoin de soutien et d'amour.

Cette mentalité n'a pas totalement changé jusqu'à aujourd'hui mais il y a des albinos qui garde la tête haute avance et défendent leur couleur. Aujourd'hui grâce à une ou deux personnes qui ont eu ce courage d'accepter qui ils sont et d'en être fière la mentalité et les pensées des gens commencent à changer et ils commencent à trouver leurs places dans la société. Juste pour dire que des fois il est impossible de changer certaines choses mais nous pouvons les accepter et pousser les gens à les accepter aussi.

DEFENDRE LA JUSTICE ET LES VALEURS DES AUTRES

Nous ne devons pas seulement rester nous-mêmes mais nous devons aussi aider les autres à s'accepter tels qu'ils sont. Nous devons toujours défendre la justice et les valeurs des autres. Des fois ce n'est pas nous qui sommes victimes mais autour de nous il y'a des victimes nous devons aider ses personnes à trouver leurs places dans la société et à s'aimer tels qu'ils sont. Notre amitié, notre sourire et notre soutien peut les aider à devenir plus fortes. Aujourd'hui si certains changent leur vie, et sont malheureux c'est parce qu'ils n'ont pas eu le soutien des autres et cet amour. Quand nous pouvons voir quelqu'un subir le harcèlement à l'école au bureau dans la société nous devons aider cette personne à sortir du silence et à trouver sa place. Des fois nous avons tendance à penser qu'il faut faire de grandes choses pour rendre quelqu'un heureux on n'oublie que ce sont les petits gestes qui sauvent des vies. Un simple sourire, une simple amitié, un accueil chaleureux peut aider quelqu'un à se sentir mieux et à trouver sa place. Nous ne pouvons pas voir quelqu'un souffrir et dire "c'est son problème". Nous devons plutôt soutenir les autres pensées à la douleur que l'autre ressens et dire si j'étais à sa place. Le harcèlement et l'injustice prennent l'ampleur lorsque les personnes autour ne réagissent pas et reste silencieux. Lorsque nous n'apportons pas notre soutien auprès des personnes faibles c'est comme si nous cautionnons l'injustice.

Il n'est pas nécessaire d'utiliser la violence pour montrer que nous soutenons les autres. La violence ne résout rien au contraire elle empire les choses. Ce qui peut tout changer c'est l'amour. L'amour parfait bannit la crainte lorsque nous donnons beaucoup plus d'amour aux autres cela est comme une force pour eux et les aide à garder la tête haute.

DÉVELOPPER LA CONFIANCE EN SOI EST UNE GRANDE ARME

Rien ne peut nous empêcher à aller de l'avant lorsque nous avons confiance en soi et nous croyons en nous-mêmes. La première chose que les personnes font pour nous atteindre est de briser notre confiance en nous faisant croire qu'on ne valait rien, qu'on n'était pas belle, forte, intelligente… Ce genre de critique basée sur nous, nous fait perdre confiance et facilement ces personnes peuvent prendre possession de nous et diriger nos vies. Lorsque nous travaillons dur sur soi et essayons de développer cette confiance en nous, nous irons de l'avant et leur méchanceté ne nous atteindra pas. Nous devons avoir le courage d'affronter l'opinion générale et le regard des autres. La confiance en soi n'est pas inné mais lorsque nous travaillons sur ça nous pourra la développer. Certains n'arrivent pas au bout de leurs projets parce qu'ils est difficile pour eux d'affronter l'opinion générale et de persévérer malgré les obstacles. Pour réaliser ses projets et ses rêves la première des choses à avoir n'est pas de l'argent mais plus tôt la confiance en soi et croire en nous-mêmes. Ces deux choses sont les plus grandes motivations que nous devons avoir si nous voulons aller plus loin. Lorsque nous avons plus d'estime de soi et croyons en nous, il est facile pour nous de nous affirmer et de nous défendre. Nous devons arrêter de nous attarder sur nos défauts et nos incompétences mais plutôt voir nos qualités et nos capacités. Lorsque nous nous punissons et que nous nous focalisons sur nos défauts cela ne nous aide pas. Nous avons tendance à voir nos lacunes plus que nos qualités. Nos échecs plus que nos réussites…

Contentons-nous du peu que nous avons et cela nous aidera.

COMMENT RESTER SOI MÊME ET AVOIR CONFIANCE SOI ?

Il peut sembler difficile pour nous d'avoir confiance en soi car des fois l'opinion de certaines personnes compte beaucoup pour nous et dès qu'elles font une critique mal placée ça nous braque et nous perdons totalement confiance en nous. Mais si nous évitons certaines choses cela peut nous aider à accroître notre confiance en soi.

Pour avoir confiance en soi et rester soi-même nous devons :

- **Éviter d'imiter** : lorsque nous imitons nous ne sommes plus nous-mêmes. Nous pouvons prendre le comportement ou la motivation d'une personne comme un exemple. Nous avons tous nos modèles mais cela ne veut pas dire que nous sommes ses personnes. Les autres peuvent nous inspirer et nous forger mais nous ne devons pas être la version "Copier-coller" de quelqu'un. L'imitation nous fera perdre notre vraie personnalité.

- **Éviter de comparer notre vie à celle des autres :** La comparaison est une chose qui peut engendrer la jalousie et bien d'autres… Nous ne devons pas comparer notre vie à celle des autres car cela ne nous montrera que ce qui nous manque et non ce que nous avons. Il est rare de voir quelqu'un comparer sa vie à celle d'une autre personne et dire "oui j'ai de la chance" c'est souvent le négatif que nous voyons comme "il me manque ceci, elle est plus belle que moi. Il est plus riche que moi" … la comparaison nous rabaisse souvent et nous fait perdre confiance en soi.

- **Apprendre à oser :** nous devons souvent sortir de notre zone de confort. Oser faire des choses et cultiver nos talents.

- **Essayer et agir :** Nous devons vaincre nos peurs et tenter des nouvelles choses. Nous ne devons pas dire "oui je mérite ce qui m'arrive et je ne veux plus essayer". Lorsque nous nous donnons des nouvelles chances cela nous aide à avancer ;

- **Nous affirmer :** Nous ne devons pas avoir peur de partager notre point de vue. N'ayons pas peur des regards des autres. Dire ce que nous pensons.

- **Éviter de se rabaisser :** Nous avons souvent tendance à nous rabaisser. Dire "oui les autres on raison de me traiter ainsi" chose qui est fausse personne ne mérite d'être mal traité ou de subir l'injustice. Blanc, Noir, Métis, gros, Mince, court… tous nous méritons le respect et la paix antérieure.

- **Accepter nos erreurs et nos faiblesses :** Nous devons être patients avec nous-mêmes. Nous laisser du temps et comprendre que l'erreur est humaine et que nous avons tous nos faiblesses.

La vie est faite d'épreuves et de challenge. Restons nous-mêmes peu importe les circonstances. S'aimer, se découvrir, s'accepter, être patients envers soi, persévérer, garder le sourire nous aidera à aller de l'avant et trouver la joie et la paix intérieure peu importe les circonstances.

A propos de l'auteur

Gracias Goliele est une jeune femme pleine de vie et d'enthousiasme. Son amour pour la lecture et l'écriture lui sont nés d'une enfance et d'une adolescence passées dans les bibliothèques du centre culturel français de Brazzaville.

"Restes toi même " est une histoire universelle et touchante. Elle dépeint avec sagacité et réalisme les dilemmes auxquels la plupart des personnes font face à l'adolescence.

Gracias Goliele a écrit cet ouvrage afin de vous inviter à rester fidèles à vos principes et vos valeurs malgré les pressions extérieures.

Résume

Restes toi même est un livre de motivation tiré des expériences personnelles de l auteur. L'auteur parle de ses difficultés rencontrées dans son adolescence et comment elle s'est battue pour conserver ses valeurs et ses principes. Les conseils et les motivations données dans ce livre aidera toute personne qui a du mal à s'aimer soi même et à avancer dans la vie sans avoir peur des regards des autres.